MW01248611

Impressum
Verlag: BABADADA GmbH, Nedderfeld 112 , 22529 Hamburg
Geschäftsführer / Verlagsleitung: Harald Hof
Druck: Books on Demand GmbH, In de Tarpen 42, 22848 Norderstedt

Imprint
Publisher: BABADADA GmbH, Nedderfeld 112 , 22529 Hamburg, Germany
Managing Director / Publishing direction: Harald Hof
Print: Books on Demand GmbH, In de Tarpen 42, 22848 Norderstedt, Germany

baba
სკოლა

ba
საკლასო ოთახი
dadadada
გაყოფა
186/2
babadada
dada
მასწავლებელი
bababa
სკოლის ეზო
dadadada
ქაღალდი
dadaba
წერა
dadaba
კალამი
ba
მაგიდა
baba
სახაზავი
dadaba
წიგნი
babab
მოსწა

dadaba
ზურგჩანთა

dada
პენალი

bababa
ფანქარი

dadaba
ფანქრების სათლელი

baba
საშლელი

baba
ილუსტრირებული
ლექსიკონი

2 baba - სკოლა

ba

....

ნახატების ალბომი

bababa

....

ნახატი

ba

....

ფუნჯი

dada

....

საღებავის ყუთი

babadada

....

მაკრატელი

dadaba

....

წებო

dadadada

....

ავარჯიშო რვეული

babadada

....

საშინაო დავალება

bababa

....

ნომერი

dadaba

....

დამატება

bababa

....

გამოკლება

badada

....

გამრავლება

dadababa

....

გამოთვლა

A

babababa

....

წერილი

ABCDEFG
HIJKLMN
OPQRSTU
VWXYZ

babababa

....

ანბანი

hello

dada

....

სიტყვა

babadada

....

ტექსტი

dadadada

....

წაკითხვა

dada

....

ცარცი

babababa

....

გაკვეთილი

ba

....

რეგისტრაცია

baba

....

გამოცდა

babababa

....

სერტიფიკატი

babadada

....

სკოლის ფორმა

babababa

....

განათლება

dadababa

....

ენციკლოპედია

babababa

....

უნივერსიტეტი

dadababa

....

მიკროსკოპი

bababa

....

რუქა

babadada

....

კალათა ნარჩენი ქაღალდებისათვის

babadada
სასტუმრო

dadaba
ჰოსტელი

dadadada
ვალუტის გადაცვლის პუნქტი

dada
ჩემოდანი

ado
მანქანა

dadadada
ენა

da / meh
კი / არა

Oh
კარგი

ba
გამარჯობა

dada
მთარგმნელი

dada
გმადლობთ

babababa

რა ღირს... ?

ah

ვერ გავიგე

dadaba

პრობლემა

ba dada

აღამო მშვიდობისა!

babadada

დილა მშვიდობისა!

heia!

ღამე მშვიდობისა!

dadaba

ნახვამდის

badada

მიმართულება

dada

ბარგი

babababa

ჩანთა

babababa

ზურგჩანთა

baba

სტუმარი

dadadada

ოთახი

dadadada

საძილე ტომარა

dada

კარავი

dadadada

რისტული ინფორმაცია

badada

სანაპირო

babadada

საკრედიტო ბარათი

dadababa

საუზმე

baba

ლანჩი

bababa

ვახშამი

dada

ბილეთი

dada

ლიფტი

babadada

საფოსტო მარკა

badada

საზღვარი

dadaba

საბაჟო

babadada

საელჩო

dadaba

ვიზა

dada da da da

პასპორტი

dadadada
ტრანსპორტი

baba
თვითმფრინავი
dada
გემი
baba
სახანძრო მანქანა
bababa
სატვირთო მანქანა
bababab
ავტობუს
dada
მოტორიზებული ნავი
ado
მანქანა
dadadada

babadada

ბორანი

baba

ნავი

bababa

მოტოციკლი

ado

პოლიციის მანქანა

ado

სარბოლო მანქანა

auto

დაქირავებული მანქანა

dada

მანქანის ერთობლივი მოხმარება

ado

საბუქსირე მანქანა

ado

ნაგვის მანქანა

brumbrum!

ძრავა

bababa

საწვავი

dada

ბენზინგასამართი სადგური

dadaba

საგზაო ნიშანი

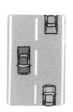

badada

მოძრაობა

ado ado

საცობი

babadada

მანქანის სადგომი

babababa

მატარებლის სადგური

dada

ლიანდაგები

dadaba

მატარებელი

baba

ტრამვაი

dadaba

ვაგონი

baba

ვერტმფრენი

baba

აეროპორტი

dadaba

კოშკი

baba

მგზავრი

badada

კონტეინერი

dada

მუყაოს ყუთი

baba

ურიკა

dadadada

კალათა

da / bada

აფრენა / დაშვება

dadaba
ქალაქი

bababa

სოფელი

dadababa

ქალაქის ცენტრი

dadaba

სახლი

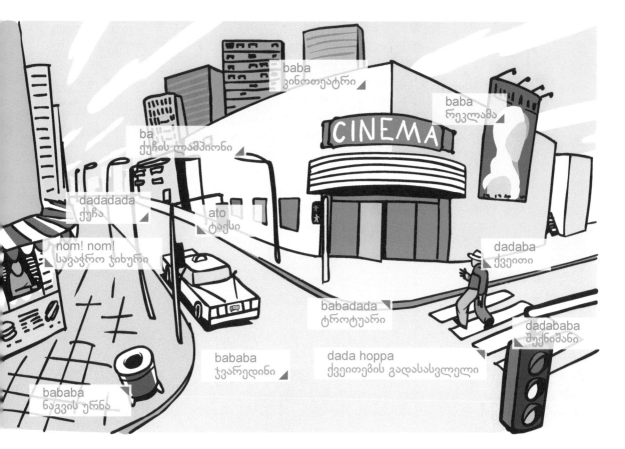

baba
კინოთეატრი
baba
რეკლამა
ba
ქუჩის ლამპიონი
dadadada
ქუჩა
ato
ტაქსი
nom! nom!
სავაჭრო ჯიხური
dadaba
ქვეითი
babadada
ტროტუარი
dadababa
შუქნიშანი
bababa
ჯვარედინი
dada hoppa
ქვეითების გადასასვლელი
bababa
ნაგვის ურნა

babadada

ქოხი

dadadada

ბინა

babababa

მატარებლის სადგური

dadaba

მუნიციპალიტეტი

bababa

მუზეუმი

baba

სკოლა

babababa

უნივერსიტეტი

dadadada

ბანკი

aua!

საავადმყოფო

babadada

სასტუმრო

aua!

აფთიაქი

baba

ოფისი

bababa

წიგნების მაღაზია

ba

მაღაზია

dadaba

ფლორისტი

dada nom nom

სუპერმარკეტი

dadadada

ბაზარი

dadadada

მაღაზიის განყოფილება

nom! nom!

თევზის გამყიდველი

baba

სავაჭრო ცენტრი

ba

ნავსადგომი

dadadada

პარკი

baba

გრძელი სკამი

babababa

ხიდი

dadadada

კიბეები

bababa

მიწისქვეშა გადასასვლელი

baba

გვირაბი

ba

ავტობუსის გაჩერება

babababa

ბარი

nom nom!

რესტორანი

dadaba

საფოსტო ყუთი

dada

ქუჩის ნიშანი

baba

პარკინგის საზომი

bababa

ზოოპარკი

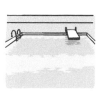

dada

საცურაო აუზი

baba

მეჩეთი

dadaba - ქალაქი

dadaba

ფერმა

dadababa

გარემოს დაბინძურება

bababa

სასაფლაო

ba

ეკლესია

dadababa

საბავშვო მოედანი

bababa

ტაძარი

dada

ლანდშაფტი

badada

ხეობა

bababa

გორაკი

dadadada

ტბა

dadadada

ტყე

dadababa

უდაბნო

dadaba

ვულკანი

babababa

ციხე

dadaba

ცისარტყელა

bababa

სოკო

dadababa

პალმა

aua!

კოღო

badada

ბუზი

dadababa

ჭიანჭველა

summ summ

ფუტკარი

dada

ობობა

dadaba

ხოჭო

quak

ბაყაყი

dadababa

ციყვი

dadaba

ზღარბი

baba

კურდღელი

gackgack

ბუ

gackgack

ფრინველი

gackgack

გედი

babadada

ტახი

dadadada

ირემი

dadadada

ცხენ-ირემი

dadadada

კაშხალი

ba

ქარის ტურბინა

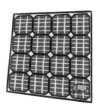

dadadada

მზის ბატარეა

bababa

კლიმატი

nom nom!

რესტორანი

dadadada
მიმტანი
baba
მენიუ
dadaba
სკამი
nom! nom!
სუპი
nom nom!
პიცა
ba
დანა-ჩანგალი
babababa
მაგიდაზე გადასაფარებელი

nom! nom!
....
საუზმე

nom! nom!
....
მთავარი კერძი

nom nom!
....
დესერტი

dadababa
....
დასალევი

nom nom!
....
საჭმელი

nom nom!
....
ბოთლი

nom! nom!

სწრაფი კვება

nom! nom!

ქუჩის საჭმელი

babababa

ჩაიდანი

nom! nom!

საშაქრე

nom nom!

პორცია

dadaba

ესპრესოს მანქანა

bababa

მაღალი სკამი

ba

ანგარიში

bababa

ლანგარი

ba

დანა

babadada

ჩანგალი

dadaba

კოვზი

bababa

ჩაის კოვზი

dadaba

ხელსახოცი

ba

ჭიქა

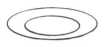

nom nom!

თეფში

bababa

სუპის თეფში

bababa

ჩაის ლამბაქი

nom! nom!

საწებელი

dadadada

სამარილე

dadaba

წიწაკის საფქვავი

bähbäh

ძმარი

dadababa

ზეთი

dadababa

სანელებლები

nom! nom!

კეტჩუპი

nom! nom!

მდოგვი

nom nom!

მაიონეზი

dada nom nom
სუპერმარკეტი

dadababa
სპეციალური შეთავაზება
FOR
dadaba
მომხმარებელი
dadaba
რძის ნაწარმი
baba
ურიკა

dadaba
....
საყასბო

nom! nom!
....
საცხობი

bababa
....
აწონვა

bähbäh
....
ბოსტნეული

nom nom!
....
ხორცი

nomnom
....
გაყინული საკვები

nom nom!

გრილი ხორცი

nomnom

კონსერვები

bababa

სარეცხი ფხვნილი

baba

ტკბილეული

dadaba

საყოფაცხოვრებო პროდუქტები

dadababa

სარეცხი საშუალებები

bababa

გამყიდველი

bababa

სალარო

dadaba

მოლარე

dada

საყიდლების სია

dadababa

მუშაობის საათები

baba

პორტმანი

babadada

საკრედიტო ბარათი

dadababa

ჩანთა

dadababa

პლასტიკური პარკი

dadababa
დასალევი

wasa

წყალი

dadadada

წვენი

badada

რძე

ba

კოკა-კოლა

bababa

ღვინო

dadadada

ლუდი

dadaba

ალკოჰოლი

bababa

კაკაო

dadababa

ჩაი

dada

ყავა

dadaba

ესპრესო

dadababa

კაპუჩინო

nom nom!
საჭმელი

nane

ბანანი

nom nom!

ვაშლი

bababa

ფორთოხალი

nom nom!

საზამთრო

nom nom!

ლიმონი

bähbäh

სტაფილო

bada meh

ნიორი

dadaba

ბამბუკი

dadaba

ხახვი

nom nom!

სოკო

nom nom!

კაკალი

nom nom!

ატრია

nom nom!

სპაგეტი

nom nom!

ბრინჯი

nom nom!

სალათი

nom nom!

ჩიპსები

nom nom!

შემწვარი კარტოფილი

nom nom!

პიცა

nom nom!

ჰამბურგერი

nom nom!

სენდვიჩი

nom nom!

კოტლეტი

nom nom!

ლორი

nom nom!

სალიამი

nom nom!

ძეხვი

gack gack

წიწილა

nom nom!

შემწვარი ხორცი

nom nom!

თევზი

nom nom!

შვრიის ფაფა

bähbäh

მუსლი

nom nom!

სიმინდის ფანტელები

nom nom!

ფქვილი

nom nom!

კრუასანი

babadada

ბულკი

nom! nom!

პური

nom nom!

ტოსტი

nom nom!

ნამცხვრები

nom nom!

კარაქი

nom nom!

ხაჭო

nom nom

ტორტი

dadaba

კვერცხი

nom nom!

ერბო-კვერცხი

bada muh

ყველი

nom nom!

ნაყინი

nom nom!

შაქარი

baba summ

თაფლი

nom nom!

ჯემი

nom nom!

შოკოლადის კრემი

babadada

კარი

dadaba

ფერმა

ba
სოფლის სახლი
dadaba
თავლა
dada
ჩალის შეკვრა
bababa
ყანა
hoppa
ცხენი
dada
მისაბმელი
bababa
ტრაქტორი
dadaba
კვიცი
ვირი
mää
ცხვარი
bebi mää
ცხვარი

baba
....
თხა

muh
....
ძროხა

mimuh
....
ხბო

mama oink
....
ღორი

oink
....
გოჭი

dadadada
....
ხარი

gackgack

ბატი

gackquack

იხვი

gacki

წიწილა

gackgack

ქათამი

gacko

მამალი

dada

ვირთხა

mau

კატა

bababa

თაგვი

muh

ხარი

wauwau

ძაღლი

wauwau

საძაღლე

baba

ბაღის შლანგი

dadababa

საბაღე წურწურა

baba

ცელი

dadababa

გუთანი

baba

ნამგალი

dadadada

თოხი

dada

პატივის სახვეტი ჩანგალი

bababa

ცული

babababa

მაზიდი

baba

გობი

dada muh

რძის ბიდონი

dadababa

ტომარა

badada

ღობე

dadadada

ბოსელი

ba

სათბური

babadada

ნიადაგი

baba

თესლი

baba

სასუქი

dadababa

მოსავლის ამღები კომბაინი

bababa

მოსავლის აღება

dadadada

მოსავალი

dadaba

იამი

dadababa

ხორბალი

dadababa

სოიო

bababa

კარტოფილი

badada

სიმინდი

bababa

სარევ ელას თესლი

bababa

ხეხილი

dadadada

მანიოკი

dadababa

მარცვლეული

dadaba
სახლი

ba
ბუხარი
babadada
სახურავი
dadaba
წყალსადინარი მილი
baba
ფანჯარა
dada
ავტოფარეხი
dingdong
კარის ზარი
bababa
კარი
babadada
ნაგვის ყუთი
ba
საფოსტო ყუთი
badada

dadadada
....
მისაღები ოთახი

bababa
....
აბაზანა

bababa
....
სამზარეულო

dadababa
....
საძინებელი

meina
....
საბავშვო ოთახი

dadaba
....
სასადილო ოთახი

dadaba - სახლი 31

badada

სართული

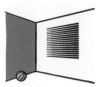

dadababa

კედელი

bababa

ჭერი

dada

სარდაფი

dadababa

საუნა

babababa

აივანი

dadadada

ტერასა

bababa

აუზი

baba

გაზონის საკრეჭი

dadaba

საბნის კონვერტი

babadada

საწოლი

heia!

ლოგინი

dada

ცოცხი

dadaba

სათლი

dadababa

გადამრთველი

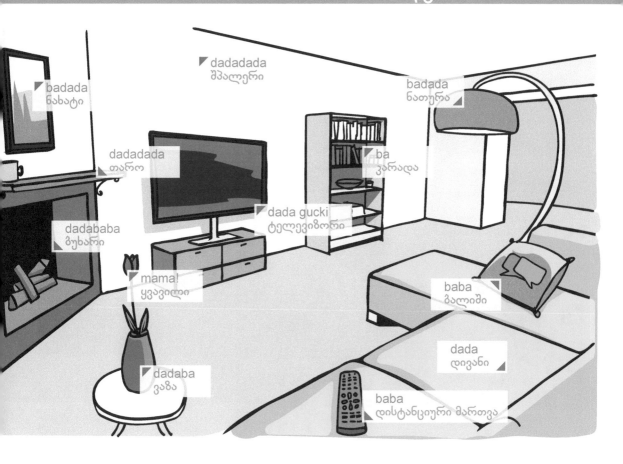

dadadada
მისაღები ოთახი

dadadada
შპალერი
badada
ნახატი
badada
ნათურა
dadadada
თარო
ba
კარადა
dada gucki
ტელევიზორი
dadababa
ბუხარი
mama!
ყვავილი
baba
ბალიში
dada
დივანი
dadaba
ვაზა
baba
დისტანციური მართვა

dada
ხალიჩა

bababa
ფარდა

ba
მაგიდა

dadaba
სკამი

dadadada
სარწეველა სკამი

bababa
სავარძელი

dadaba

წიგნი

dadadada

საბანი

dadaba

დეკორაცია

ba

შეშა

dadadada

ფილმი

lala

hi-fi მოწყობილობები

babadada

გასაღები

dadadada

გაზეთი

dadadada

ფერწერა

bababa

პლაკატი

lala

რადიო

dadababa

ბლოკნოტი

babadada

მტვერსასრუტი

aua!

კაქტუსი

babadada

სანთელი

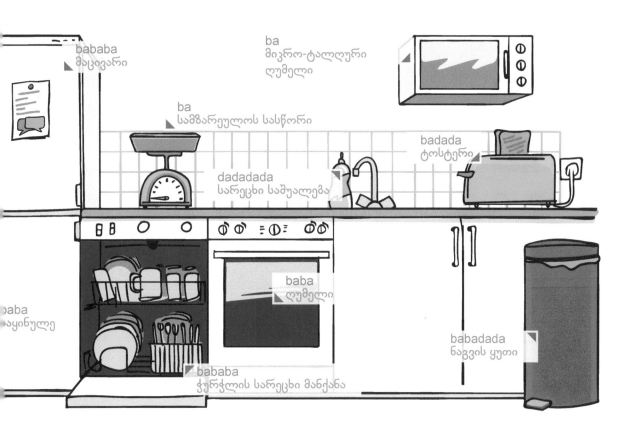

bababa
სამზარეულო

bababa
მაცივარი
ba
მიკრო-ტალღური ღუმელი
ba
სამზარეულოს სასწორი
badada
ტოსტერი
dadadada
სარეცხი საშუალება
baba
ღუმელი
aba
აყინულე
babadada
ნაგვის ყუთი
bababa
ჭურჭლის სარეცხი მანქანა

dada

გაზქურა

dada

ქოთანი

dada

თუჯის ქვაბი

baba / dada

ტაფა ამობერილი ფსკერით

badada

ტაფა

ba

ჩაიდანი

bababa - სამზარეულო 35

dadababa

ორთქლსახარში

bababa

საცხობი ლანგარი

dadaba

ჭურჭელი

dadadada

კათხა

dadaba

თასი

baba

ჩინური ჩხირები

dadaba

ჩამჩა

dadadada

ფითხი

badada

სათქვეფელა

dada

საწური

bababa

საცერი

baba

სახეხი

dadababa

სანაყი

dada

გრილი

aua!

კოცონი

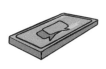

dadababa

დაფა

babababa

საგორავი

dadababa

ბურღი

dadadada

ქილა

bababa

ქილის გასახსნელი

dadababa

ქოთნის დამჭერი

dadadada

ნიჟარა

dadababa

ფუნჯი

ba

ღრუბელი

aua!

ბლენდერი

babadada

საყინულე კამერა

bababa

საბავშვო ბოთლი

dadadada

ონკანი

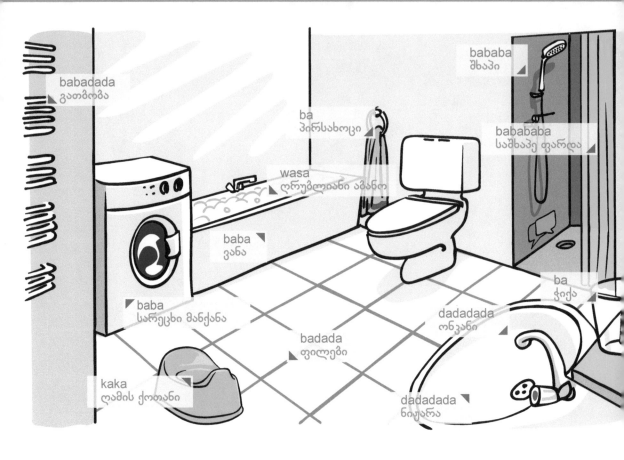

bababa

აბაზანა

babadada
გათბობა
ba
პირსახოცი
bababa
შხაპი
babababa
საშხაპე ფარდა
wasa
ღრუბლიანი აბანო
baba
ვანა
baba
სარეცხი მანქანა
ba
ჭიქა
dadadada
ონკანი
badada
ფილები
kaka
ღამის ქოთანი
dadadada
ნიჟარა

kaka

ტუალეტი

ba

იატაკის ტუალეტი

dadababa

ბიდე

dadababa

კედლის პისუარი

kaka

ტუალეტის ქაღალდი

bababa

ტუალეტის ჯაგრისი

bababa

....

კბილის ჯაგრისი

nom! nom!

....

კბილის პასტა

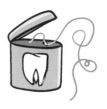

dadadada

....

კბილის ძაფი

bababa

....

რეცხვა

babababa

....

ხელის შხაპი

dadadada

....

ინტიმური შხაპი

badada

....

ტაშტი

dadadada

....

ზურგის სახეხი ფუნჯი

nom! nom!

....

საპონი

nom! nom!

....

შხაპის გელი

nom! nom!

....

შამპუნი

babadada

....

ნეჭა

dadaba

....

სანიაღვრე

nom! nom!

....

კრემი

babababa

....

დეოდორანტი

dadadada

სარკე

dadadada

ხელის სარკე

ba

ბრიტვა

nom! nom!

საპარსი ქაფი

nam! nam!

საშუალება გაპარსვის შემდეგ

dadababa

სავარცხელი

baba

ჯაგრისი

dadadada

თმის საშრობი

badada

თმის ლაქი

dadaba

კოსმეტიკა

mama!

ტუჩების პომადა

ba

ფრჩხილის ლაქი

bababa

ბამბა

dadadada

ფრჩხილის მაკრატელი

bababa

სუნამო

dadadada
....
კოსმეტიკის ჩანთა

bababa
....
ტაბურეტი

dadadada
....
სასწორი

ba
....
საბაზანო ხალათი

babababa
....
რეზინის ხელთათმანები

ba
....
ტამპონი

bababa
....
ნიტარული პირსახოცი

baba
....
ბიო-ტუალეტი

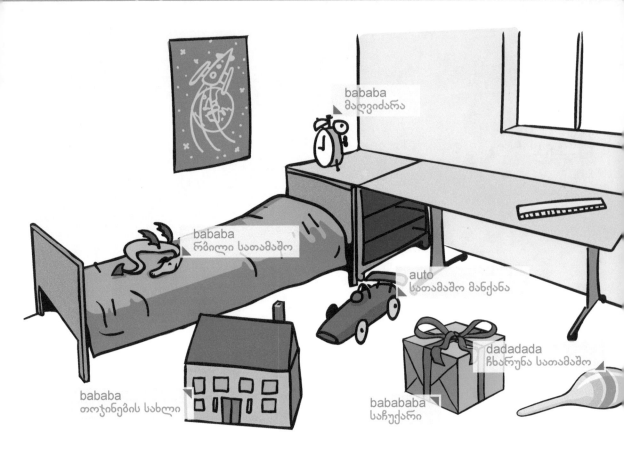

meina
საბავშვო ოთახი

bababa
მაღვიძარა
bababa
რბილი სათამაშო
auto
სათამაშო მანქანა
dadadada
ჩხარუნა სათამაშო
bababa
თოჯინების სახლი
babababa
საჩუქარი

dadadada

ბუშტი

heia!

ლოგინი

dadaba

საბავშვო ეტლი

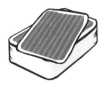

dadababa

კარტის თამაში

bababa

პაზლი

dadababa

კომიკსი

badada

ლეგოს აგურები

badada

ასაშენებელი კუბიკები

dada

სათამაშო ფიგურა

dadadada

საცოცავი

dadaba

ფრისბი

dadaba

მობილე

ba

სამაგიდო თამაში

baba

კამათელი

dadababa

რკინიგზის მოდელი

lula

საწოვარა

baba

წვეულება

dadaba

წიგნი ნახატებით

dada

ბურთი

dada

თოჯინა

badada

თამაში

dadaba

საქვიშარი

babababa

საქანელა

dadababa

სათამაშოები

dadaba

ვიდეო თამაშის კონსოლი

babadada

სამთვლიანი ველოსიპედი

dadababa

დათუნია

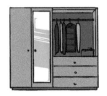

dadaba

გარდეროში

baba

ტანსაცმელი

dadadada

წინდები

ba

ჩულქები

dada

კოლგოტები

bababa
შარფი

dadababa
ქამარი

bababa
ქოლგა

badada
მკლავებიანი მაისური

baba
ფეხსაცმელი

baba
ჩუსტები

ba
ბოტასები

bababa	badada	dada
სანდლები	ფეხსაცმელი	რეზინის ჩექმები

ba	baba	dadadada
ტრუსები	ბიუსტჰალტერი	მაისური

badada

....

სხეული

ba

....

შარვალი

bababa

....

ჯინსი

dada

....

ქვედაკაბა

bababa

....

ბლუზი

dadadada

....

პერანგი

baba

....

სვიტრი

baba

....

კაპიუშონიანი ჟაკეტი

babadada

....

სპორტული ქურთუკი

baba

....

ჟაკეტი

bababa

....

პალტო

dadababa

....

საწვიმარი

bababa

....

კოსტუმი

ba

....

კაბა

dadaba

....

საქორწილო კაბა

dadadada

კაცის კოსტიუმი

babababa

ღამის პერანგი

heia

პიჟამოები

baba

სარი

dadadada

თავშალი

dada

ტურბანი

dada

ჩადრი

baba

ხიფთანი

dadadada

აბაია

wasa

საცურაო კოსტუმი

bababa

ჩემოდნები

dadababa

შორტები

babababa

ორტული კოსტიუმი

baba

წინსაფარი

babababa

ხელთათმანები

dadaba

ღილი

babadada

სათვალეები

dada

სამაჯური

dadababa

ყელსაბამი

bababa

ბეჭედი

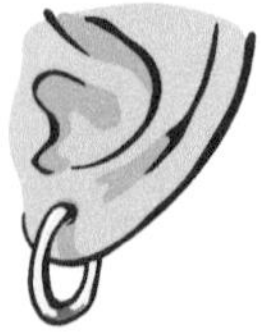

dadababa

საყურე

dada

კეპი

babadada

საკიდი

dadababa

ქუდი

bababa

ჰალსტუხი

badada

ელვა-შესაკრავის შეკვრა

dadaba

ჩაფხუტი

dada

აჭიმი

babadada

სკოლის ფორმა

babababa

ფორმა

namnam

ბავშვის წინსაფარი

lula

საწოვარა

kaka!

პამპერსი

baba

ოფისი

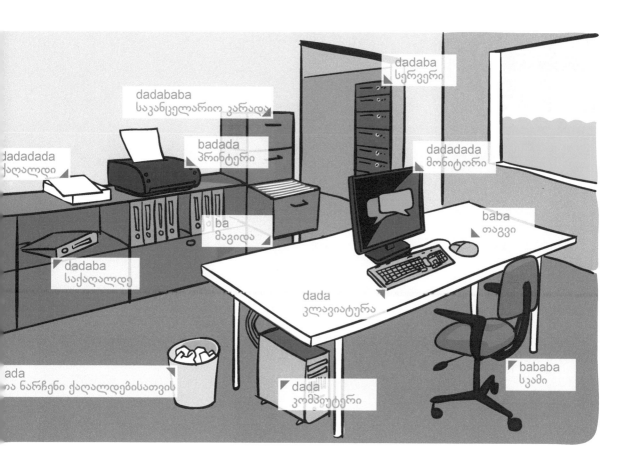

dadaba
სერვერი

dadababa
საკანცელარიო კარადა

badada
პრინტერი

dadadada
ქაღალდი

dadadada
მონიტორი

ba
მაგიდა

baba
თაგვი

dadaba
საქაღალდე

dada
კლავიატურა

ada
და ნარჩენი ქაღალდებისათვის

dada
კომპიუტერი

bababa
სკამი

dada

ყავის ფინჯანი

bababa

კალკულატორი

da da

ინტერნეტი

papa!

ლეპტოპი

dadababa

წერილი

ba

მესიჯი

fon

მობილური ტელეფონი

bababa

ქსელი

ba

სკანერი

bababa

პროგრამული უზრუნველყოფა

dada bing

ტელეფონი

aua!

როზეტი

bababa

ფაქსის მანქანა

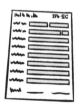

dadaba

ფორმულარი

bababa

დოკუმენტი

badada

ეკონომიკა

baba

ყიდვა

dadadada

გადახდა

dadaba

ვაჭრობა

badada

ფული

babadada

დოლარი

dadaba

ევრო

bababa

იენი

ba

რუბლი

dada

შვეიცარული ფრანკი

dada

ჟენმინბი იუანი

ba

რუპი

ba

ბანკომატი

dadadada

ვალუტის გადაცვლის
პუნქტი

dadadada

ოქრო

baba

ვერცხლი

dadadada

ნავთობი

ba

ენერგია

dadadada

ფასი

baba

ხელშეკრულება

bababa

გადასახადი

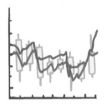

dadadada

აქცია

dadaba

მუშაობა

dadadada

თანამშრომელი

dadababa

დამსაქმებელი

dadaba

ქარხანა

ba

მაღაზია

ba

პროფესიები

baba
პოლიციის ოფიცერი
dada
მეხანძრე
babababa
მზარეული
aua!
ექიმი
bababa
მფრინავი

bababa

მებაღე

bababa

დურგალი

baba

თეთრეულის მკერავი ქალბატონი

bababa

მოსამართლე

dadaba

ქიმიკოსი

dadababa

მსახიობი

ba

ავტობუსის მძღოლი

auto mann

ტაქსის მძღოლი

bababa

მეთევზე

dadadada

დამლაგებელი ქალბატონი

dadadada

სახურავის ოსტატი

dadadada

მიმტანი

badada

მონადირე

dadadada

ფერმწერი

dadababa

მცხობელი

papa!

ელექტრიკოსი

babababa

მშენებელი

bababa

ინჟინერი

dadababa

ყასაბი

dadadada

სანტექნიკოსი

bababa

ფოსტალიონი

dadadada
....
ჯარისკაცი

ba
....
არქიტექტორი

dadaba
....
მოლარე

bababa
....
ფლორისტი

babadada
....
პარიკმახერი

bababa
....
კონდუქტორი

dadaba
....
მექანიკოსი

dada
....
კაპიტანი

badada
....
სტომატოლოგი

ba
....
მეცნიერი

bababa
....
რაბინი

dadaba
....
იმამი

dada
....
ბერი

dadadada
....
სასულიერო პირი

dada

იარაღები

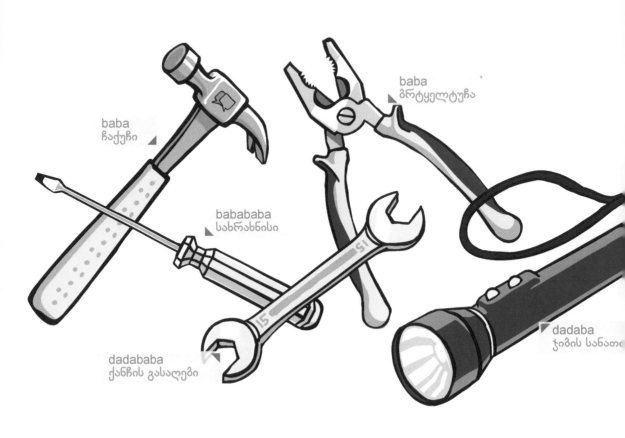

baba
ჩაქუჩი
baba
ბრტყელტუჩა
babababa
სახრახნისი
dadababa
ქანჩის გასაღები
dadaba
ჯიბის სანათ

dadaba

ექსკავატორი

baba

იარაღების ყუთი

babababa

კიბე

dadaba

ხერხი

babadada

ლურსმები

dada

საბურღი

dadababa
....
შეკეთება

dada
....
ნიჩაბი

aua!
....
ანდაზა!

dada
....
აქანდაზი

dadaba
....
საღებავის ქოთანი

babababa
....
ხრახნები

bababa
მუსიკალური ინსტრუმენტები

boom boom
რეპროდუქტორი
bungas
დასარტყამი ინსტრუმენტების კრებული
ba
გიტარა
dadababa
კონტრაბასი
bombede
საყვირი

bababa - მუსიკალური ინსტრუმენტები 57

bingbing

ფორტეპიანო

bababa

ვიოლინო

ba

ბასი

badada

ტიმპანონი

bunga bunga

დასარტყამები

badada

კლავიშები

dadababa

საქსოფონი

dadababa

ფლეიტა

dadadada

მიკროფონი

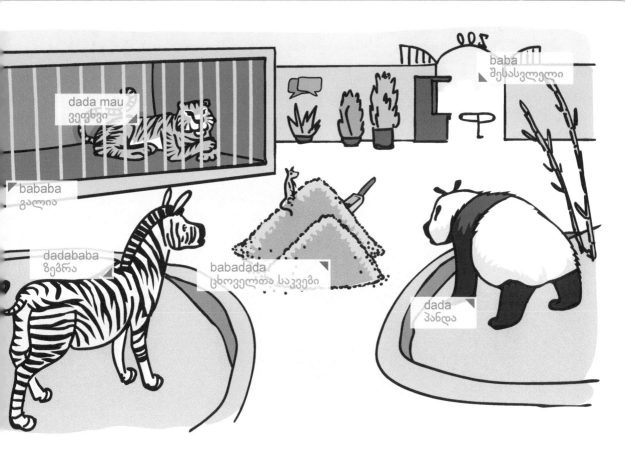

bababa

baba
შესასვლელი
dada mau
ვეფხვი
bababa
გალია
dadababa
ზებრა
babadada
ცხოველთა საკვები
dada
პანდა

dadadada
ცხოველები

bababa
სპილო

dadaba
კენგურუ

babadada
მარტორქა

dada
გორილა

babababa
დათვი

dadaba

....

აქლემი

gackgack

....

სირაქლემა

babadada

....

ლომი

dadaba

....

მაიმუნი

gackgack

....

ფლამინგო

bababa

....

თუთიყუში

bababa

....

პოლარული დათვი

dada

....

პინგვინი

bababa

....

ზვიგენი

dadaba

....

ფარშევანგი

badada

....

გველი

babababa

....

ნიანგი

dadadada

....

ზოოპარკის მფლობელი

dada

....

სელაპი

bababa

....

იაგუარი

ei!

პონი

dadadada

ლეოპარდი

dada

ბეჰემოტი

babababa

ჟირაფი

bababa

არწივი

babadada

ტახი

nom nom!

თევზი

dadadada

კუ

anje

მორჟი

dadadada

მელა

bababa

გაზელი

ba

სპორტი

dadababa
ამერიკული ფეხბურთი
dadaba
ველოსპორტი
bum bum
ჩოგბურთი
ball
კალათბურთი
badada
ცურვა
aua!
კრივი
baba
ყინულის ჰოკეი

dadadada

ფეხბურთი

badada

ბადმინტონი

dadababa

მძლეოსნობა

ball

ხელბურთი

dadadada

სათხილამურო სპორტი

baba

წყლის პოლო

62 ba - სპორტი

dadaba

წერა

dada

დახატვა

dadababa

ჩვენება

dada

დაჭერა

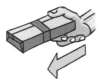

badada

მიცემა

dadaba

აღება

dadaba
....
ქონა

dadadada
....
კეთება

babadada
....
ყოფნა

dadadada
....
დგომა

baba
....
გარბენა

dadababa
....
მოქაჩვა

dadadada
....
გადაყრა

dadaba
....
დაცემა

badada
....
ტყუილის თქმა

dadaba
....
მოცდენა

bababa
....
ტარება

ba
....
ჯდომა

dadababa
....
ჩაცმა

heia!
....
ძილი

bababa
....
გაღვიძება

babababa

დათვალიერება

baaaaaa

ტირილი

dadadada

გაუთოება

bababa

დავარცხნა

bababa

ლაპარაკი

baba

გაგება

badada

შეკითხვა

dadababa

მოსმენა

bababa

დალევა

nomnom!

ჭამა

badada

დალაგება

ba

ყვარება

badada

კერძების მზადება

dadababa

სვლა

dadadada

ფრენა

dadababa

....

აფრის ქვეშ სიარული

dadababa

....

გამოთვლა

dadadada

....

წაკითხვა

dadababa

....

შესწავლა

dadaba

....

მუშაობა

baba

....

ქორწინება

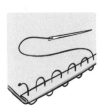

dada

....

კერვა

aua!

....

კბილების ხეხვა

aua!

....

მოკვლა

dadababa

....

მოწევა

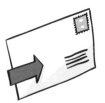

babababa

....

გაგზავნა

dadababa
ოჯახი

baba
სტუმარი

ba
დეიდა

bababa
ბიძა

nein!
ძმა

nein!
და

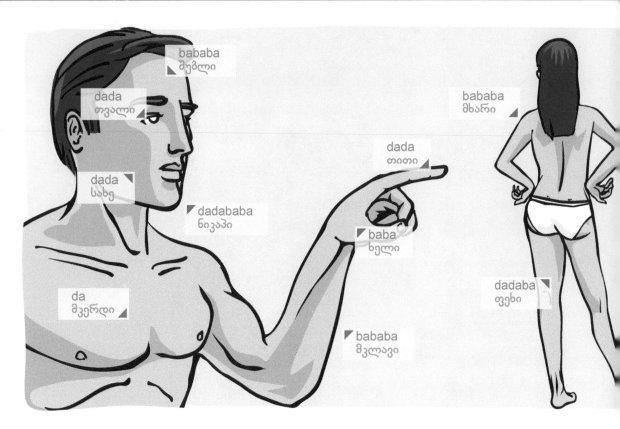

dadababa

სხეული

bababa
dada
bababa
მხარი
dada
თითი
dada
სახე
dadababa
ნიკაპი
baba
ხელი
dadaba
ფეხი
da
მკერდი
bababa
მკლავი

bebi

გავშვი

papa!

კაცი

mama

ქალი

baba

გოგო

babadada

ბიჭი

bababa

თავი

baba

ზურგი

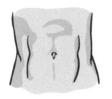

dadababa

მუცელი

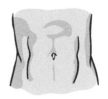

dada

ჭიპი

dadababa

ფეხის თითი

ba

ქუსლი

badada

ძვალი

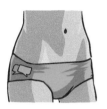

bababa

ბარძაყი

dada

მუხლი

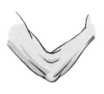

dadadada

იდაყვი

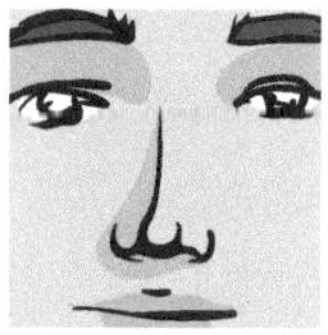

bababa

ცხვირი

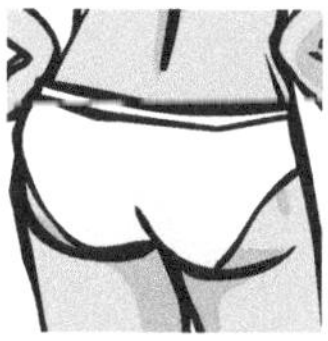

popo

დუნდულა

dadaba

კანი

badada

ლოყა

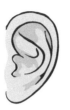

dada

ყური

babababa

ტუჩი

dadababa

პირი

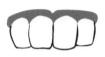

dadadada

კბილი

baba

ენა

dadadada

ტვინი

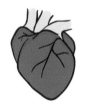

baba

გული

dada

კუნთი

dada

ფილტვი

dada

ღვიძლი

dadababa

კუჭი

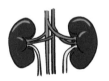

dadaba

თირკმელები

babadada

სექსი

dada

პრეზერვატივი

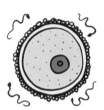

badada

კვერცხუჯრედი

dadababa

სპერმა

dadababa

ორსულობა

dadababa - სხეული

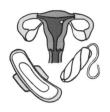

ba

მენსტრუაცია

mumu

საშო

pipi

პენისი

dada

წარბი

dadababa

თმა

bababa

კისერი

aua!
საავადმყოფო

ba
სასწრაფო დახმარების მანქანა

aua!
ეტლი

aua!
მოტეხილობა

aua!

ექიმი

aua!

პირველი დახმარების
ოთახი

aua!

მედდა

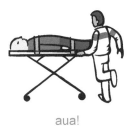

aua!

გადაუდებელი შემთხვევა

aua!

უგონოდ მყოფი

dadababa

ტკივილი

aua!

დაზიანება

dadadada

სისხლდენა

aua!

გულის შეტევა

aua!

ინსულტი

dadababa

ალერგია

aua!

ხველა

aua!

ცხელება

aua!

გრიპი

aua!

დიარეა

aua!

თავის ტკივილი

aua!

კიბო

aua!

დიაბეტი

aua!

ქირურგი

aua!

სკალპელი

aua!

ოპერაცია

aua!

კტ

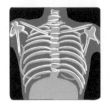

aua!

რენტგენი

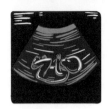

aua!

ულტრაბგერა

aua!

ნიღაბი

aua!

დაავადება

aua!

მოსაცდელი ოთახი

aua!

ყავარჯენი

aua!

თაბაშირი

dadababa

ბინტი

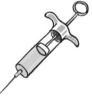

aua!

ინექცია

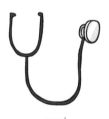

aua!

სტეტოსკოპი

aua!

საკაცე

aua!

თერმომეტრი

aua! bebi!

დაბადება

aua!

ჭარბი წონა

aua!

სმენის აპარატი

aua!

სადეზინფექციო საშუალება

aua!

ინფექცია

aua!

ვირუსი

aua!

აივ / შიდსი

aua!

წამალი

aua!

ვაქცინაცია

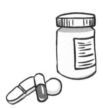

aua!

ტაბლეტები

dadaba

აბი

aua!

აუდებელი გამოძახება

aua!

წნევის საზომი აპარატი

da / ba

ავადმყოფი / ჯანმრთელი

aua!

გადაუდებელი შემთხვევა

aua!

დამეხმარეთ!

aua!

განგაში

aua!

თავდასხმა

aua!

შეტევა

aua!

საფრთხე

dadadada

სათადარიგო გასასვლელი

dadaba

ხანძარი!

dadaba

ცეცხლსაქრობი

aua! aua!

უბედური შემთხვევა

aua!

პირველადი დახმარების აფთიაქი

baba

SOS

dadadada

პოლიცია

badada

ევროპა

dadaba

ჩრდილოეთ ამერიკა

dadababa

სამხრეთ ამერიკა

dadaba

აფრიკა

dadaba

აზია

bababab a

ავსტრალია

badada

ატლანტიკა

dadaba

წყნარი ოკეანე

baba

ინდოეთის ოკეანე

bababa

ნტარქტიკის ოკეანე

dadababa

ჩრდილოეთის ყინულოვანი
ოკეანე

bababa

ჩრდილოეთ პოლუსი

dadababa

სამხრეთ პოლუსი

dadaba

ანტარქტიდა

dada

დედამიწა

dadaba

ხმელეთი

badada

ზღვა

dadadada

კუნძული

dadadada

ერი

dadababa

სახელმწიფო

dada
საათი

baba
....
ციფერბლატი

babadada
....
საათების ისარი

baba
....
წუთების ისარი

bababa
....
წამების ისარი

dadababa
....
რომელი საათია?

babadada
....
დღე

dada
....
დრო

baba
....
ახლა

dadababa
....
ციფრული საათი

dadababa
....
წუთი

bababa
....
საათი

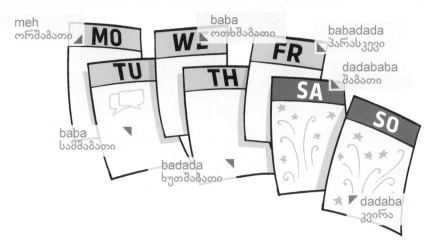

babadada

კვირა

meh
ორშაბათი
baba
სამშაბათი
baba
ოთხშაბათი
badada
ხუთშაბათი
babadada
პარასკევი
dadababa
შაბათი
dadaba
კვირა

dadadada

გუშინ

dadababa

დღეს

dadaba

ხვალ

baba

დილა

baba

შუადღე

dadadada

საღამო

dada

სამუშაო დღეები

baba

შაბათი-კვირა

80 babadada - კვირა

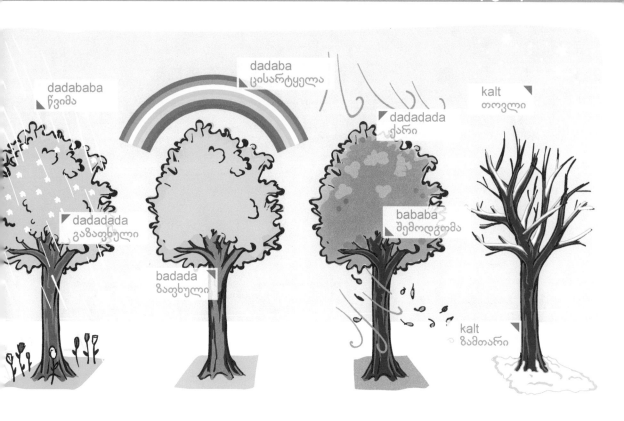

dadababa
წვიმა

dadaba
ცისარტყელა

dadadada
ქარი

kalt
თოვლი

dadadada
გაზაფხული

badada
ზაფხული

bababa
შემოდგომა

kalt
ზამთარი

4.APRIL	11°	☀
5.APRIL	4°	🌧
6.APRIL	13°	⛈
7.APRIL	8°	☀
8.APRIL	10°	☀

dadababa

ამინდის პროგნოზი

bababa

თერმომეტრი

ba

მზის სხივი

baba

ღრუბელი

dadadada

ნისლი

dada

ტენიანობა

dadababa
·······················
ელვა

dada
·······················
ქუხილი

badada
·······················
შტორმი

dadababa
·······················
სეტყვა

bababa
·······················
მუსონი

dadaba
·······················
წყალდიდობა

dadadada
·······················
ყინული

dadaba
·······················
იანვარი

dadaba
·······················
თებერვალი

bababa
·······················
მარტი

dadadada
·······················
აპრილი

dadadada
·······················
მაისი

babababa
·······················
ივნისი

baba
·······················
ივლისი

bababa
·······················
აგვისტო

dadaba - წელი

dadadada
....
სექტემბერი

badada
....
ოქტომბერი

dadababa
....
ნოემბერი

baba
....
დეკემბერი

dadababa
ფორმები

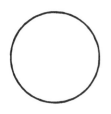

baba
....
წრე

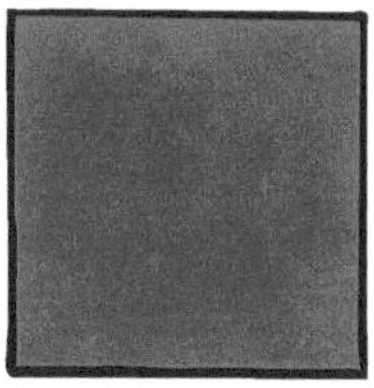

badada
....
კვადრატი

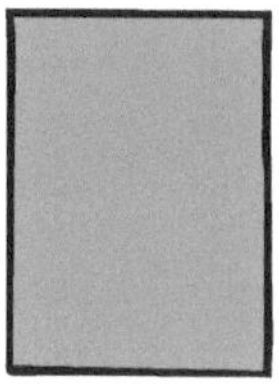

dadababa
....
მართკუთხედი

babababa
....
სამკუთხედი

dadadada
....
სფერო

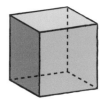

babababa
....
კუბი

dadababa
ფერები

dadababa
....
თეთრი

babababa
....
ყვითელი

baba
....
ნარინჯისფერი

dadadada
....
ვარდისფერი

babadada
....
წითელი

dadababa
....
იისფერი

dadadada
....
ცისფერი

ba
....
მწვანე

baba
....
ყავისფერი

bababa
....
ნაცრისფერი

badada
....
შავი

da / ba

ბევრი / ცოტა

da / ba

გაბრაზებული / მშვიდი

da / ba

ლამაზი / მახინჯი

da / ba

ასაწყისი / დასასრული

da / ba

დიდი / პატარა

da / ba

ნათელი / მუქი

da / ba

ძმა / და

da / ba

სუფთა / ჭუჭყიანი

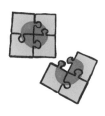

da / bada

სრული / არასრული

da / ba

დღე / ღამე

da / ba

მკვდარი / ცოცხალი

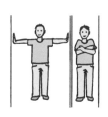

da / ba

განიერი / ვიწრო

da / ba

....

საჭმელად ვარგისი / საჭმელად უვარგისი

da / ba

....

ბოროტი / კეთილი

ba / ba

....

შთამბეჭდავი / მოსაწყენი

da / ba

....

სქელი / თხელი

ba / ba

....

პირველი / ბოლო

da / bada

....

მეგობარი / მტერი

da / ba

....

სრული / ცარიელი

da / ba

....

მყარი / რბილი

da / ba

....

მძიმე / მსუბუქი

da / bada

....

მოშიებული / მწყურვალე

da / ba

....

ავადმყოფი / ჯანმრთელი

da / ba

....

არალეგალური / ლეგალური

da / ba

....

ინტელექტუალი / სულელი

ba / ba

....

მარცხენა / მარჯვენა

da / ba

....

ახლოს / შორს

da / bada

ალი / გამოყენებული

da / ba

არაფერი / რაღაცა

ba / ba

მოხუცი / ახალგაზრდა

da / ba

ართვა / გამორთვა

da / ba

ღია / დახურული

da / ba

ჩუმი / ხმამაღალი

ba / ba

მდიდარი / ღარიბი

da / ba

მართალი / მტყუანი

da / ba

უხეში / გლუვი

ba / ba

ევდიანი / ბედნიერი

da / ba

მოკლე / გრძელი

da / ba

ნელი / სწრაფი

da / bada

სველი / მშრალი

da / bada

თბილი / გრილი

da / ba

ომი / მშვიდობა

dadaba

რიცხვები

0	1	2
dada	a	ba
ნული	ერთი	ორი
3	4	5
da ba da	badabada	dadababa
სამი	ოთხი	ხუთი
6	7	8
dadaba	badada	dadababa
ექვსი	შვიდი	რვა
9	10	11
dadaba	dadadada	badada
ცხრა	ათი	თერთმეტი

12	13	14
baba	bababa	baba
თორმეტი	ცამეტი	თოთხმეტი
15	16	17
babadada	dadababa	babababa
თხუთმეტი	თექვსმეტი	ჩვიდმეტი
18	19	20
dadababa	bababa	dadababa
თვრამეტი	ცხრამეტი	ოცი
100	1.000	1.000.000
baba	baba	dadababa
ასი	ათასი	მილიონი

dadadada

ენები

baba

ინგლისური

babadada

ამერიკული ინგლისური

dadababa

ჩინური მანდარინი

ba

ჰინდი

badada

ესპანური

ohlala

ფრანგული

babadada

არაბული

dadaba

რუსული

dada

პორტუგალიური

dadadada

ბენგალური

badada

გერმანული

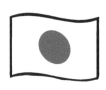

dadadada

იაპონური

da / da / da
ვინ / რა / როგორ

a

მე

dadadada

შენ

da / da / da

ის / ის / იგი

o ba ma

ჩვენ

babababa

თქვენ

baba

ისინი

dadadada

ვინ?

dadadada

რა?

baba

როგორ?

babababa

სად?

babadada

როდის?

dadaba

სახელი

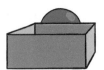

babababa
სად

baba
....
უკან

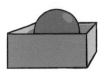

dadaba
....
შიგნით

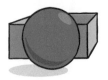

baba
....
წინ

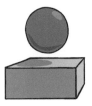

ba
....
ზედ

baba
....
=-ზე

dadababa
....
ქვეშ

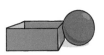

babababa
....
გვერდით

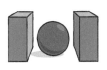

ba
....
შორის

dada
....
ადგილი

CPSIA information can be obtained
at www.ICGtesting.com
Printed in the USA
LVHW071551131222
735135LV00002BA/15

* 9 7 8 3 7 4 9 8 4 5 0 0 2 *